juego y aprendo

Disney
LA CASA DE MICKEY MOUSE
Goofy visita al doctor

Libro educativo con actividades y pegatinas

everest

Mickey se despertó muy temprano y observó en el calendario que Goofy tenía cita esa tarde para su revisión médica.

El calendario de Mickey está en inglés. Señala la fecha de tu cumpleaños y el de tus mejores amigos.

| January | February | March | April | May | June | July | August | September | October | November | December |

Escribe en inglés los meses en los que se celebrarán los cumpleaños que has señalado.

....

....

En realidad, ese día Goofy tenía planes para practicar sus trucos de magia, así que la noticia que le dio Mickey sobre ir al médico le sorprendió.

Goofy prueba con las matemáticas para distraer a Mickey. Realiza las operaciones y encuentra los resultados en los puntitos de cada seta.

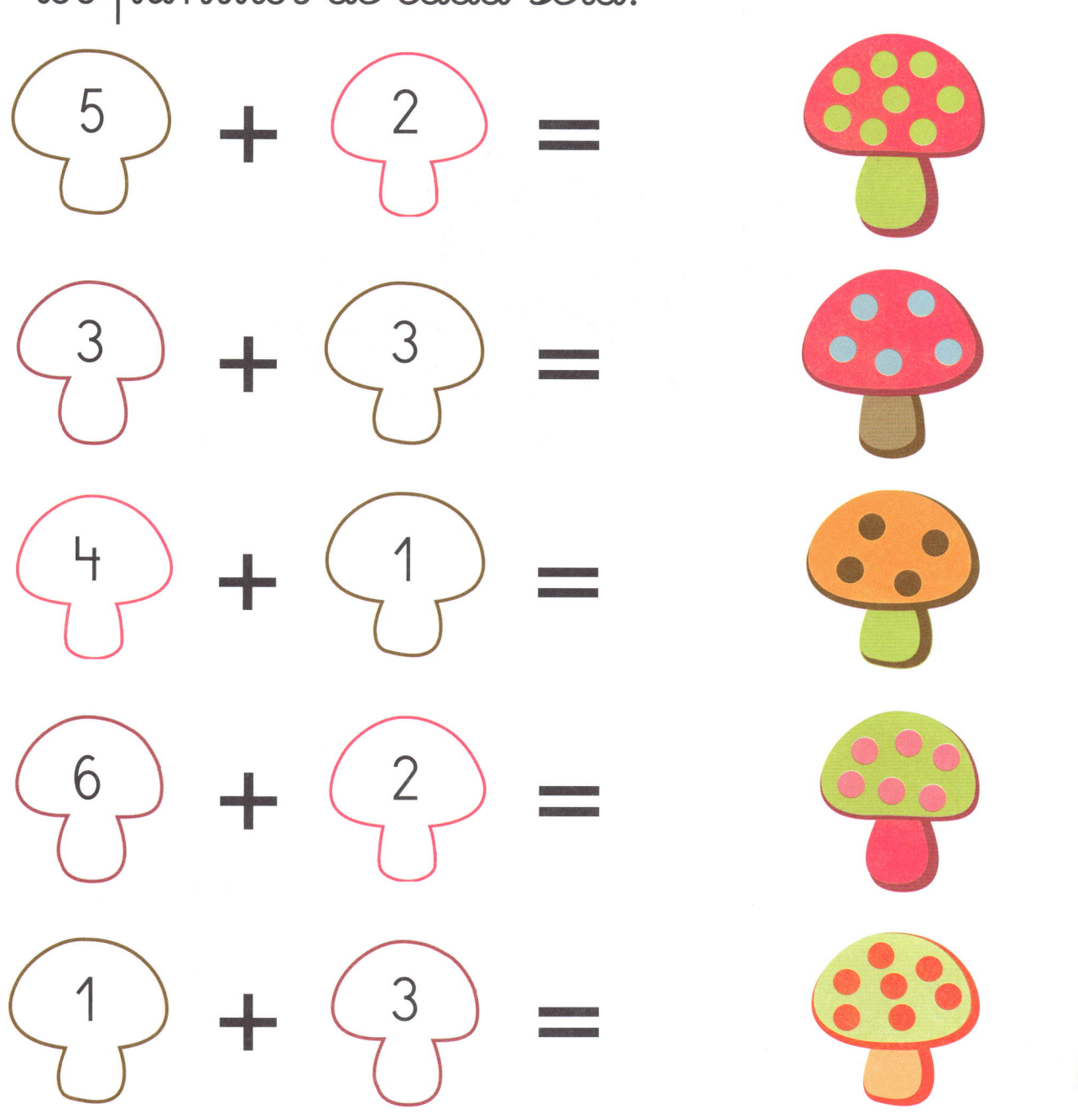

5 + 2 =

3 + 3 =

4 + 1 =

6 + 2 =

1 + 3 =

—Olvidé la cita, Mickey. Yo venía a mostrarte trucos nuevos de magia. Ahora que dices lo del médico disfruta de este que no has visto jamás. ¡Ta-ta-ta-chán!

Goofy hizo movimientos rápidos a la derecha, a la izquierda, arriba y abajo. Escribe en los recuadros la dirección que señala cada mano.

Goofy movía su capa mientras decía:
—¡Goofy «el magnífico» ha desaparecido!
—Es un excelente truco, Goofy. ¿Dónde estás? —preguntó Mickey sorprendido.

¿Adónde habrá ido Goofy? Ayuda a Mickey a encontrarlo, resolviendo el laberinto.

Goofy se escondió entre manzanas.
—Una manzana al día, mantiene al médico en la lejanía —dijo Goofy.
Pero Clara Bella lo descubrió.

¿Cómo convencer a Goofy de que una revisión médica no le hará daño? Ayuda a Clara Bella a hacerlo completando las siguientes oraciones con las palabras del recuadro amarillo.

> ejercicio   alimentación
> dormir   enfermedad

La vacuna es un medicamento que nos previene de alguna ....

Comer frutas y verduras es parte de una .... equilibrada.

Hacer .... te ayuda a sentirte bien.

Debemos .... ocho horas para recuperar energía.

Goofy se sentía derrotado y triste.
¿Habría una forma especial para que
fuera a su cita médica sin temor?
Sus amigos no querían verle así.

En estos momentos, a Goofy le gustaría tener otro plan, como salir de excursión. Repasa la línea de puntos y colorea libremente.

Mickey trató de animar a Goofy. Le contó divertidas aventuras de los consultorios médicos, pero no dio buen resultado.

¿LO SABÍAS?

Practicar ejercicio físico es una buena forma de mantenerse sano. No solo es recomendable para gozar de buena salud, sino para mejorar la agilidad, la confianza en uno mismo y la capacidad.

Nuestros amigos realizan deportes divertidos. Rodea el que más te guste.

—Ya sé —expresó Mickey—. Jugaremos a visitar a la doctora Daisy.

E inmediatamente trajo un maletín con instrumental médico.

¿Alguna vez has jugado a los oficios? Une estas profesiones con el lugar donde trabajan y aprende sus nombres en inglés.

médico
doctor

clínica veterinaria
veterinarian clinic

bombero
firefighter

colegio
school

veterinario
vet

parque de bomberos
fire station

profesor
teacher

hospital
hospital

Daisy explicó a Goofy cómo el doctor escucha los latidos del corazón con el estetoscopio. Pero él no estaba muy convencido y trató de librarse de la revisión.

Une los globos y forma nombres de alimentos sanos.

fru
che
ta
ra
pes
do
du
ver
ca
le

—Si escucha el corazón me he salvado, hoy traigo estos —mostró Goofy su trasero.
—Esos no, tu verdadero corazón —explicó Mickey riendo.

La cita de Goofy es a las seis de la tarde. Une los corazones que sumen esta hora para que no llegue tarde a su revisión médica. ¡Encontrarás 3 formas de hacerlo!

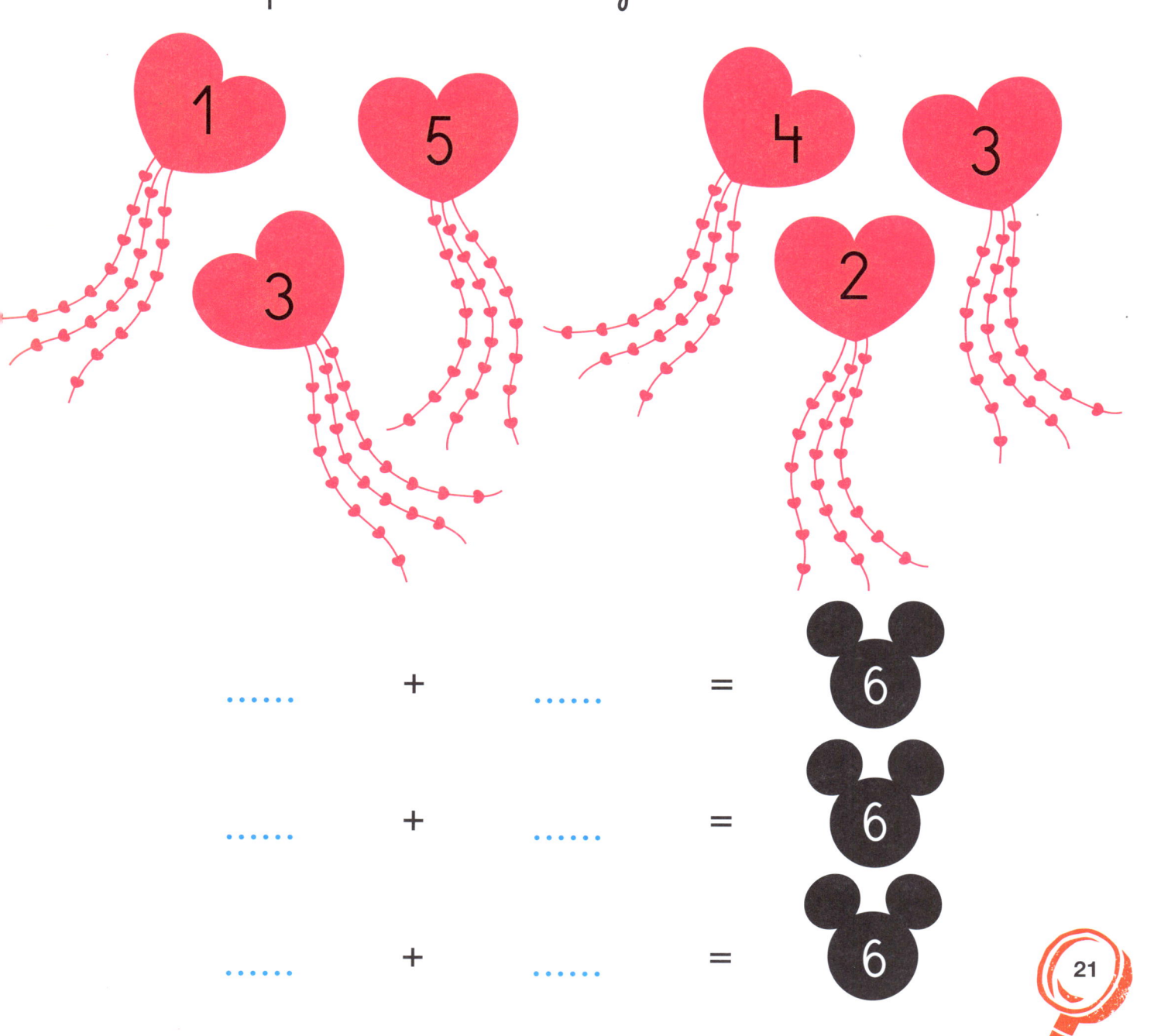

...... + ... = 6

...... + ... = 6

...... + ... = 6

Goofy empezaba a relajarse, hasta que Daisy sacó una jeringuilla de juguete.

—No te acerques a mí con eso tan puntiagudo. ¡Además, yo no estoy enfermo!

Al ver la jeringuilla Goofy olvidó los nombres de algunos divertidos juegos. Ayúdale completando las palabras con las letras que se han perdido en el bosque.

p....edra, papel o t....jera

p....rchís

ve.... ve....

tr....s en raya

el pañ....elo

Mickey puso un ejemplo y explicó a Goofy:
—Cuando me ponen una inyección, pienso en cosas que me gustan y pronto todo ha terminado.

A Goofy le encanta la limonada bien fresquita. Aquí tienes la receta para prepararla tu mismo.

INGREDIENTES

1/2 litro de agua

2 limones

2 cucharadas de azúcar

PREPARACIÓN

- Exprimimos los limones.

- Mezclamos el zumo con agua.

- Añadimos el azúcar, probamos la limonada y rectificamos azúcar o zumo al gusto, más dulce o más ácida.

- Le añadimos unos cubitos de hielo para tomarla bien fresquita.

Se acercaba la hora de ir al consultorio. Daisy sugirió a Goofy que llevara libros o juguetes, y así no se pondría nervioso mientras esperaba su cita.

Elige con Goofy lo que puede llevar al consultorio para no ponerse nervioso mientras espera su turno.

P _ _ _ _ _
A
C _ _ _ _ T _
A
T
I
N
E
_
A _ _ _ _ S
_
_
O

Mickey esperaba en el coche a Goofy.
—¿Qué pasará con Goofy?, ¿estará escondido para no ir? —Mickey dudó.

Mientras Mickey espera a Goofy, ayúdale a identificar las figuras geométricas que tiene su coche. Rodea las figuras que encuentres.

Por fin, Goofy apareció:
—¡No cabe todo en el coche! —dijo Mickey.
—Entonces, que vengan nuestros amigos —afirmó Goofy.

Goofy piensa que no hay mejor compañía que la de sus amigos. Busca en la sopa de letras los nombres de cinco de ellos.

P	C	S	E	Y	T	M
M	I	C	K	E	Y	I
A	D	A	I	S	Y	N
N	Ñ	Z	X	V	B	N
D	O	N	A	L	D	E
W	V	F	E	T	T	Y
H	A	P	L	U	T	O

Todo indica que las visitas al médico son más agradables cuando vamos acompañados de amigos que nos quieren, ¿verdad, Goofy?